毎日の大切なこと

～日々の暮らしが子どもを育む～

岩﨑　一女　著

朝　子ども達の顔を思い浮かべながら、いろいろと思いついたことを綴りました。
いつも　何気なく開いていただけると幸いです。

岩﨑　一女

〔目次〕 **毎日の大切なこと ～日々の暮らしが子どもを育む～**

毎日の暮らしが子どもの心・体・脳を育てる

毎日の大切なこと

～日々の暮らしが子どもを育む～

毎日の暮らしが子どもの心・体・脳を育てる

朝ごはん

お日さまが昇り、朝がやってきた
小さな子どもは目を覚ます
台所では、お母さんが朝食の支度
トントントン　トントントン
まな板の上で、野菜を刻む音
お鍋は、ぐつぐつ
白い湯気を出しながら
おだしのいい香りが立ち込める
小さな子どもは、寝床から起きだして
顔を洗って、みんなで食卓に着く

炊き立ての温かいご飯と野菜たっぷりのお味噌汁
「いただきます」
挨拶をして、頂く朝食
静かな朝の風景

朝の柔らかい光が、さわやかに部屋に入ってくる

お母さんの毎朝作る手作りの朝食は子育ての本当の宝もの。
このような朝が毎日続くことが、子どもの心身を強く、たくましく育てます。
朝ごはんを家族で頂くことは、子どもの成長に何よりも重要です。

昨夜は早く寝ましたか

子どもは夜7時に寝て、朝6時に起きること。

これを大切な基本に考えて、子どものいる暮らしをしましょう。

お風呂に入って、寝巻きに着替え、清潔で気持ちよい布団に入って眠ると、子どもは幸せに育ちます。寝具は、糊のきいたシーツ、綿素材の布団、中綿も綿が良いです。そして、綿100％のパジャマ（ゴムがきつくないこと）です。

健やかに調和を持って育つ源は夜の睡眠にあります。子どもが何となく元気がなくなった。疲れている。こんなときは大抵、前の晩に眠るのが遅かったことが原因です。

人が生きていく上で重要なプロセスである「夜の睡眠」。人は大体、生きている間の三分の一を寝ていきます。特に子どもにとって、寝ている時間はとても大切な時間です。寝る時間と質を大切にしてあげましょう。早く眠ることで心も体も十分な力がみなぎり、昼間の順調な力のみなぎる暮らしが約束されます。

子どもに静かで暗い夜の帳《とばり》を体験させましょう。

健康に良い食事

お母さんは家族の健康を考えて、体によい物を食する習慣が必要です。好き嫌いだけで食事を摂るのではなく、体にとってよい物を食べたい、食べさせたい。その気持ちを持って食材を選び、健康食を用意しましょう。体に優しい料理をして、子どもに食べさせることが重要です。

人間になる食事をする。人間が育つ食事をする。食事の前に手を合わせ、祈る。終わって、ごちそうさまの挨拶をする。お母さんがそうすることで、子どももそれを見習って、よろこびの気持ちで食事が出来るのです。

食材は新鮮なもの。旬のもの。生活の場所に近いところで採れたもの。国内のもの。そして、無農薬のもの。野菜や豆類。魚、海草、そして少々の肉を混ぜて献立を考えます。

毎日決まった時間に、家族で食事をいただきましょう。

子どもと話すとき

子どもと話すとき、大人としての礼節を持って、真面目に本気で話します。そこには、何も分からない子どもがいるのではなく、何でもよく分かっている一人の尊い人がいると思って対応します。大人がこのような心をもって子どもに接すれば、子どもはおのずと、人として豊かな心を備えた人間に育ちます。

話をする速度は、ちょうど良い速さが大切です。大人同士の会話よりも心持ちゆっくり、子どもにとって聞きやすく、はっきりと簡潔な美しいことばで、子どもに話します。赤ちゃんことばは使いません。この日常の美しい日本語の会話の中で育ってこそ、生きた日本語（母国語）が十分に身につきます。

暮らしの中で、周囲の人がどんなときにどんなことばを使い、どんな挨拶やことばが交わされているかを見て、聞いて、体験して、子どもはいつの間にかちょうど良く自分の中に育んでいます。2歳くらいで日常の会話も上手に、場に合った会話をできますし、大人の話をしっかり聞いて理解することが出来ます。赤ちゃんのときから聞いていたことが、ことばを話し始めると同時に生きるのです。

さわやかな会話を通して、子どものことばが、そして脳が形成されます。
おだやかな声で、静かに語り合いましょう。

静かな環境が子どもの能力を伸ばす

何も音がしないこと。
その中で起こる、かすかな生活の音、
空気の動き、
やわらかな光の具合、
明るすぎず、むしろ落ちついた、
ほのかなたたずまい。

昔の日本の家屋を思い起こしてみましょう。
大きな屋根にすっぽり包まれて、
高い天井、床の間、障子から柔らかな明かりが入る。
縁側を隔てて、
外は雨降りで、家の中も静か。
雨の音がかすかに響いてくる。

そんな情景の中で、人間の繊細な心の動きが培われます。

お天気の日も障子紙を通して柔らかな日差しが、深い軒を通ってかすかに入りました。現在の家屋では無理でしょうか。薄い柔らかなカーテン生地を通して外の強すぎる光をさえぎることで、落ち着いた雰囲気が部屋の中に生まれます。あわせて、体によくない紫外線も防ぐことができます。そんな中で、お母さんが洗濯物をたたんだり、縫い物をしたり、手仕事をしていると、子どもはとても安らいだ気分になり、落ち着いて過ごせます。

静けさの中で、子どもの表情、思いをじっくり汲み取ってあげましょう。静けさの中でこそ、ことばも必要に応じて出てきます。ＣＤやラジオ、テレビをつけている中では育まれない、大切な心の営みや体の営みがあります。その静けさの中で、お母さんとのことばのやり取りが子どもの成長に大切です。

分かりやすく、よい内容の言葉を話しましょう。赤ちゃんや幼児は小さいですが、精神は大人と変わりません。尊い人と思って接しましょう。そうすることが子どもの人間力・叡智を養います。

静かな中でこそ、想像力・創造性は育まれます。静かな中でこそ、たくさんの能力が芽を出し、高められます。

静かな中で必要なことが話し合われる。このことが子どもを、必要なときには黙って人の話を聴くことができる人間に育てます。園児は、赤ちゃんの頃から人の話を静かに聞くことができます。その能力の素晴らしさに感動します。もちろん、学校に入学しても大人になっても、この力は、ずっと子どもの大きな力であり続けることでしょう。

生まれたての赤ちゃん

生まれたての赤ちゃんは、十分に眠れることが大切です。静けさと落ち着きのある部屋で、周囲の人の営みを感じられる心配りをします。お部屋は清潔に整え、ほんのりした明るさにします。周囲の大人や子どもが、にこにこと明るい笑顔で見つめたり、語ったり、赤ちゃんをそっと抱き上げます。周囲の人の温かさが、赤ちゃんを包みます。

周りの大人は、朝早く起きて活動し、夜は静かに過ごし、早く寝ます。周りの大人は、朝・昼・晩の食事の時間をきめて食事を仕度し、いただきます。こうした時間のリズムが赤ちゃんの周りで時を刻みます。穏やかなリズムに赤ちゃんは包まれます。

入浴は明るい夕方にします。沐浴は、午前十時頃とか午後二時頃がよいでしょう。清潔で素朴な、肌触りのよい自然素材の服に包まれて、ホカホカ気持ちよく夕べの時間を迎えます。気持ちの良い自然素材のお布団に眠ります。夜は真っ暗にして眠ります。天の国から元気をもらう大切な時間です。

オムツは1時間ごとに替えます。心地よさが健康の源です。おもちゃは、木や布の触り心地を楽しんだり、きれいな音色のものに目を輝かせます。お部屋にテレビ、パソコン、携帯電話等の電子機器は置きません。

1～3ヶ月経つと、だんだん目覚めている時間がはっきりしてきます。首が据わるのが生後3ヶ月から3ヶ月半。それまでしっかり首を支えます。まだおんぶはできません。落としたり、揺らしすぎると、命や成長に係わり、重い障害となることもあります。

子どもの周りが落ち着いて、人が喜びで生き生きとよい暮らしをしていると、赤ちゃんはさわやかな生活を感じ取ります。だんだんと母乳やミルクを飲む時間のリズムがついて、一定になってきます。間隔も3～4時間毎になります。大人はにこやかに喜んで対応しましょう。

ミルクを飲む量も少しずつ増えてきます。湯冷ましを沐浴の後など、日中1～2回あげましょう。オムツを替える間隔にもリズムがついてきます。一時間半くらい間隔が出来るようになります。夜は暗くして眠る時間にします。この「昼夜のリズム」をつけることが大切です。

お日さま　あったかいな

お日さま

ぽかぽか　ぽかー

あったかいなー

いただきます

家族の暮らしが子どもを豊かに育てる

ひと昔前までは、大家族で暮らしていました。

その生活は、大きな家庭の中に、祖父、祖母、父、母、子ども、時には、おじやおばも居て、日々の暮らしが営まれていました。赤ちゃんは、生まれたときから大きな家庭の覆いの中で、家族の大切な一人として育つのです。たくさんの人のいろいろな愛情や励ましを受けて、日々大人たちの暮らしの中で感覚を働かせて、さまざまなことを見聞きし、感じながら育ったものでした。

朝起きると、顔を洗い、部屋や土間、外庭の掃き掃除をしたり、拭き掃除をしたり、洗濯をしたりと、生活に係わる仕事は、朝から山ほどありました。そうして一仕事終えて、家族揃って食卓を囲んでいただく朝ごはんは、食卓に座る位置も決まっていました。きちんと挨拶をして、正座をして、食事を頂きました。

朝の柔らかな日の光が家の中に差し込む中で、周囲の大人や子どもの会話や表情から、人の暮らしを実感することができました。また、朝から訪れる近所の人との交流もあり、それらが人の暮らし、人の暮らし方を子どもに示していました。

現代は、父母と子どもだけの家庭が多くなりました。その暮らしの中に人間の生活を感じられるよう、日々のささやかな暮らしを十分に楽しみ、味わいましょう。そして、お父さん・お母さんが家庭の中で、畏敬の念を養うことを行い続けることが必要です。食事を頂く前に、食卓にご先祖様の「お水と食物」を供えて、感謝のことばを唱えたり、神棚を祭り、お水・塩・お米をお供えして手を合わせ、日々の暮らしに感謝するといった、生活の中で目に見えないものへ手を合わせ、気持ちを清める時間を持つことは、ほんのわずかの時間であっても、それを続けることは素晴らしい生きる力を養うことになります。家族の中で誰か一人でも真剣に手を合わせ、清々しく生きる人がいることで、家族の中に幸せのもとを作ります。

大家族で暮らすことは、身近に生活を共にしたおじいさんやおばあさんとの、死という別れもありました。年長者の人生を全うする姿に触れるとき、人の命の重み、かけがえのない人の営みを自然と感じ取りました。人の命の重さを感じて育ったならば、安易に命を粗末にすることにはいたらないでしょう。

子どもを育てる上で、今一度、家族の暮らし方に目を向ける良い機会と思います。大人のしっかりした暮らしの中でこそ、子どもは豊かに育ちます。お父さんやお母さんが日々どのように働き、日々どんな家庭生活が営まれるか、その家庭の暮らし方が、子どもをまっとうに育てるか、人間らしい暮らしから遠ざけてしまうかの鍵となります。

自然素材で育てる

手間をかけてこそ、人は育ちます
気持ちよいものに包まれて
人間のあらゆる部分が育ちます

子どもの健康な育ちのために
よい服
やさしい服
無地で淡い色合い
綿や毛１００％、絹の服は、
子どもがその生命力を１００％発揮でき、
そうして、穏やかな気持ちで、よい体、よい顔に育ちます
天真爛漫で、繊細な乳幼児の顔には、
派手なキャラクターは似合いません

大人の行い

自らのふるまいを見つめ、落ち着いた穏やかなふるまいをします
背筋を伸ばします
健康な手足の動きをします
声は明るく穏やかに話します
身のこなしをさわやかに、きれいにします
周りを良く見て、感じて、気づいたことを手際よく、行動にうつします
率先して行ないます

子どものことを心底大切に思います
そうした思いをことば・行動・子育てに生かします
暮らしの中で心からの挨拶ができます
どんなときも、穏やかな笑顔と穏やかなことばで過ごします
子どもの健康な育ちについて、学びを深め、実践します

それが家庭を発展させる大事な力となります
子どもの感じる必要のない私語をしたり、思ったりしません
よい気分で静かに歌ったり、話したり、
よいリズムで子どもの世話をします

乳幼児は人間の暮らしの中で育てられ、育つこと

赤ちゃんや小さい子どもは、大人が日々、生活に意味を持って暮らしている、その中で育つことで「人になる」のです。

家庭だけではなく、保育園の中にも、子どもが暮らしを感じられることが大切です。

保育園では、一日のよいリズムの中で、午前中、歌や表現、造形といったカリキュラムに三十分位集中する時間があります。午後にも、おやつの前に「昔話」を聞く時間があります。そして、ゆったりと自由に遊ぶ時間があります。

子ども達がゆったりと遊びに没頭するとき、大人は人間としての暮らしの営みを行ないます。子どもの遊ぶおもちゃを手作りしたり、修理したり、磨いたり、手仕事をします。洗面所に連れて行ってあげたり、オムツを替えたりします。絵本を読んであげたり、遊びを見守ります。洗濯物をたたんだり、お掃除をします。このように、生活に必要なことを手際よく、快く働いて暮らします。大人としての役割をしっかりと担っている大人のそばで、子どもは暮らしの営みを感じ、人の暮らしを身に着けます。そして、周囲でなされるしぐさ、身のこなし、ことば、あいさつ、歩き方、座り方、食事の仕方、ありとあらゆる

小さな出来事が、子どもにとって大切な「人間となること」の環境なのです。

大人は大人として丁寧な正しいことばを誠実に話します。赤ちゃんことばでは話しません。子どもは、しっかりした大人の話し方の中で暮らす中で、自然に母国語を身につけ、ことばを話せるようになると、きれいな日本語の文章を話します。フレーズがだんだん整っていくのを感じます。そのフレーズは、もともと大人が話している文章にそっくりです。何よりも、暮らしの中から自然にことばで、自分の思いや興味を表現できるようになります。

もしも、保育士が幼児語で話し、全員まとまってのカリキュラムや、全員まとまってのトイレ、という集団で動くことに重点を置いたならば、そして日常の暮らしの営みである仕事を行なう大人の姿が周囲になかったならば、幼児は人として育つ大事なものを身につける機会が少なくなります。

親子で遊び場を利用するとき、たまに遊びに行くことは気分転換や友達との交流になります。そこを家庭の中心にしてしまうのではなく、家庭での生活の営みを大切にした上で、上手に遊び場を利用しましょう。親子の触れ合いの場で、大人が長時間おしゃべりに没頭し、そのそばで子どもが遊ぶのであれば、そこは大人に守られた空間ではなくなってしまいます。

家庭生活の中には、様々な暮らしがあります。料理、洗濯、掃除、片付け、おつかい、布団干し、人が訪ねてみえる、出かけるといった様々な暮らしが根付いた中でこそ、子どもはしっかりと人間に育ちます。

保育園は子どもが育つ場です。一日の暮らしが出来るだけ人の暮らしを十分に味わえるように配慮することが重要です。毎日の人の暮らしぶりの中で、子どもはいろいろなことを感じて生きています。大人が子どもっぽくふるまうのではなく、あくまでも大人としてのふるまいの中で、子どもは育ちます。保育園においては、専門知識に加えて、家族との信頼に満ちた交流が、子どもの人間味の向上になっています。

コケティッシュな大人ではなく、大人らしい大人が、生活に意味のある目的をもって仕事をすることが重要です。

2歳の○○君

「せんせー、さようなら」

職員室のドアを開けて、声をかけて挨拶していこうとする姿にジーンと胸が熱くなります。お母さんに抱っこされて、朝晩通ってきて、いつも「おはようございます」「さようなら」と、お母さんが丁寧な挨拶をされていました。1歳のお誕生日を迎える頃、初めはバイバイから始まり、今では颯爽と「せんせー、さようなら」と挨拶して、歩いて帰ります。少しずつ、人間の暮らしぶりが身についてきて、人として誇らしく生きていく様子が手に取るように分かります。毎日変わらぬさわやかな挨拶を、お母さん・お父さんが保育園の先生と交し合ったことで、人はこんなときこんな風に挨拶をしていくもの、と身についた結果です。

異年齢の関わり

子どもは、自分より大きな子に憧れたり、我慢したり、強いなーと思ったり、立派だなーと思ったり、怖いなーと思う。そして小さい子には、かわいいな、弱いのだから優しくしよう、我慢してあげようと思い、係わっています。このような関わりがあることが、子どもの発達にとてもよいのです。特に就学前に小さな子どもと関わりを持つことはＰＱの発達に良いといいます。

ＰＱとは脳の中で、人間性が育つところです。北海道大学大学院医学研究科の澤口俊文教授によると、「ＰＱは私たち人類にとって最も重要な能力で未来への展望、夢と計画性、独創性、好奇心、集中力、自分の行動や感情のコントロール、他人の心の理解力、さらには幸福感や達成感などを含んでいます」。

ことばの中に精神が宿る

感謝のことば

子どもが生まれるということ。

一人の人間として生きてきた今までの暮らしに、もう一人、共に生きる人が増えて、共に暮らすこと。言い換えれば、今までは自分のことだけでよかったことに加えて、その小さい子どものためにいつも周りの人達へ頭を下げる（感謝する）日々だと実感します。

お母さんがお世話になる人達へいつも「お世話になります」「ありがとうございます」と暮らしている姿は、幼い子ども達に大いなる誠実な生きる力を育みます。

「ありがとうございます」「お世話になります」を絶えずおっしゃるお母さんの側で、子どもの目は輝き、心から伸びやかに育ちます。

祈り

人が祈る姿に接しながら、幼き日を過ごすこと。

暮らしの中で、家族の誰かが祈っていたり、食事の前に、家族で手を合わせて、ご先祖様に感謝して食事を始める習慣の中で、「人は祈るもの」と自然に身につくとよいな、と思います。

ひと昔前まで、日本人の家の中には、神棚や仏壇がありました。座敷の床の間には神様が、庭には「ほこら」、井戸に神様、台所に神様と、家のあちこちに神様が祭られ、神々に守られて暮らしていました。

地域の暮らしの中でも、神様におこもりと言って、ちょうちんを持って、神様の家でこもって寄り合いをするとか、神々の行事が生活の中に営まれていました。高度経済成長の時代に、日本人は神々の行事をおろそかに過ごしてきましたが、今ほど、落ち着いた生き方が求められる時代はないのではないでしょうか。

家庭の中で、気持ちがすっと立つ、敬虔な気持ちにさせられる場所。それは、神棚であったり、床の間であったり、仏壇であります。その場所で、人は敬虔な気持ちを持つことができるでしょう。小さい頃の習慣で身についた敬虔な気持ちは、人間として世の中をまっとうに生きていく、大切なものを秘めています。

「朝の祈り」

ルドルフ・シュタイナー

お日さま　あなたは私の頭上で輝いています
お星さま　あなたは野原や町の上で光っています
虫やけものたち　君たちは母なる大地の上で動いています
木や草たち　君たちは大地とお日さまの力で生きています
岩や石たち　君たちは動物と植物と
そして人間の私を強くします
人間は頭にも心にも
神様の力を感じながら　神様の働きで
力強く世の中を　生きていくのです

出典　『霊学の観点からの子どもの教育』
高橋巖訳　イザラ書房

挨拶

家庭での暮らしの中で、家族同士またお客様と、その時々の挨拶を交わし生活しましょう。

朝起きたら「おはようございます」
食事のとき「いただきます」「ごちそうさま」
出かけるとき「行って参ります」
出かける人に「いってらっしゃい」
家に帰ってきたとき「ただいま」
帰ってきた人に「お帰りなさい」
お風呂に入るとき「お先に」
お風呂から出たら「いい湯でした」
お風呂から出た人に「ごゆっくり」
寝るとき「おやすみなさい」
訪ねてみえたお客様に「いらっしゃい」「こんにちは」

イザラ書房 IZARA

図書案内

Anthropopsophy Books
& Products

New 新しい書籍

新しい書籍
クラフトワールド
芸術
人智学・アントロポゾフィー
関連商品・その他

北欧の森のようちえん

2020

R・ローセングレーン著／ヴィンスルー美智子・村上進訳

なぜ自然が子どもの発達のために健康的で刺激的な学習環境だと言えるのか、デンマークでの実践の報告からその理由に迫る。自然と子どもたちの魅力的な写真も多数掲載。

◉定価2,700円＋税／A5判変形184ｐ並製／ISBN978-4-7565-0145-5

植物と語る 公然の秘密の扉
ゲーテとシュタイナーに学ぶ観察法

2020

吉澤 明子 著

シュタイナー思想に基づく絵画・芸術療法の第一人者が伝える20年間の実績。絵画の協働性の追求としての水彩画による連作も掲載。

◉定価3,000円＋税／A5判変形120p上製／ISBN978-4-7565-0144-8

美の朝焼けを通って
シュタイナーの芸術観

2019

今井 重孝／はたりえこ著

芸術の力で世界が変わる…シュタイナー思想のスペシャリストが交わした対談と往復書簡集。未来芸術オイリュトミーの脳波測定時解説も掲載。

◉定価2,000円＋税／A5判128p並製／ISBN978-4-7565-0141-7

おやすみの後に
シュタイナーと出会って生まれた絵本

2017

マルタ・Ｓお話／ヒルデ・ランゲン絵／伊藤壽浩訳

「ねむっているわたしは どこに いるの？」眠りの秘密、生きる力の源泉、その真実の姿を光に満ちたやさしいタッチで描き出したシュタイナー的子育てにぴったりな絵本。

◉定価3,500円＋税／A5判20ｐ特殊折／ISBN978-4-7565-0133-2

耕文舎叢書 10

十二感覚の環と七つの生命プロセス 2019 2刷

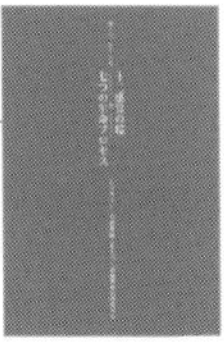

カール・ケーニヒ著／石井秀治訳

私達はこの感覚をとおして何を体験するのか？
この感覚の器官はどこに見出されるのか？
ここに感覚領域それぞれのあり方が明らかになる。

◉定価2,200円＋税／A5判200ｐ並製／ISBN978-4-7565-0136-3

耕文舎叢書 8

四つのエーテル［改訂版］ 2019 改訂1刷

エルンスト・マルティ著／石井秀治訳

シュタイナーが見出した<四つのエーテル、熱・光・音・生命>の働きを、自然界のなかに観察していく試みを記したもの。訳者による参考資料を巻末に置き、改訂版として刊行

◉定価2,000円＋税／A5判並製112ｐ／ISBN978-4-7565-00138-7

社会問題としての教育問題

自由と平等の矛盾を友愛で解く社会・教育論 2017 2刷

シュタイナー著／今井重孝訳

人類の目指す健全な社会とは！21世紀社会が進むべき方向、そしてシュタイナーの人間論と教育論、社会論の相互関係がわかる貴重な一冊。分かり易く貴重な訳者解説が充実。

◉定価2,500円+税／四六判232ｐ上製／ISBN978-4-7565-0134-9

創造的な高齢者介護

R.シュタイナーの人間観に基づく介護の現場から 2021刊行予定

Now Printing

A・カンプス 他著／神田純子訳／大村祐子監修

長年の実践を通して理想の介護を模索してきた介護者によって書かれた実践の書。高齢期を過ごしている方、高齢期を迎える方、介護している方、すべての方の力になる本です。

◉予価2,300円＋税／A5判200p並製／ISBN978-4-7565-0147-9

Craft
クラフトワールド

シュタイナー教育クラフトワールド・シリーズ1
ネイチャーコーナー
1998

レーウェン&ムースコップス 著/松浦賢 訳

「季節のテーブル」とも呼ばれるネイチャーコーナー。シュタイナー教育の現場では折々の草花、木の実、人形などを部屋の一隅に飾り、四季の祝祭日を本書のように楽しみます。

◉定価2,500円+税/A5変形106p上製/ISBN978-4-7565-0078-6

シュタイナー教育クラフトワールド・シリーズ2
メルヘンウール
1998

ダグマー・シュミット&フライヤ・ヤフケ 著/松浦賢 訳

さまざまな色の羊毛で描くメルヘンウール絵や、メルヘンにテーマをとった羊毛で作る壁飾りや人形、動物たちなどの手法を解説。羊毛の香りと手触りが子どもの創造力を高めます。

◉定価2,500円+税/A5変形108p上製/ISBN978-4-7565-0079-3

シュタイナー教育クラフトワールド・シリーズ3
フェルトクラフト
1998

ペトラ・ベルガー 著/松浦賢 訳

簡単にできて壊れにくく柔らかい感触と、カラフルな色から生まれるマスコットたち。フェルトでの製作作業は、子どものファンタジー形成や脳の成長に良い影響を与えるでしょう。

◉定価2,500円+税/A5変形108p上製/ISBN978-4-7565-0080-9

シュタイナー教育クラフトワールド・シリーズ4
メイキングドール
1999

ズンヒルト・ラインケンス 著/松浦賢 訳

シュタイナー教育の場で広く作られているヴァルドルフ人形の作り方を紹介。柔らかい自然の素材を用いて心に優しさと思いやりの気持ちを呼び起こします。

◉定価2,500円+税/A5変形104p上製/ISBN978-4-7565-0082-3

シュタイナー教育クラフトワールド・シリーズ5

イースタークラフト

1999

トマス&ペトラ・ベルガー 著/松浦賢 訳

キリストの復活を祝うイースターは、春を楽しむお祭り。再生や生命の象徴である卵やウサギのクラフトで命の誕生を祝い、春の霊的雰囲気を深く体験することができるでしょう。

◉定価2,500円+税/A5変形104p上製/ISBN978--4-7565-0083-0

シュタイナー教育クラフトワールド・シリーズ6

ハーベストクラフト

1999

トマス・ベルガー 著/松浦賢 訳

ヨーロッパでは、秋に大天使ミカエルを祭ります。お祝いのクラフトを色づいた木の実や金の穂などの秋の素材を使って作りましょう。美しいデザインの伝統的クラフト技法も満載。

◉定価2,500円+税/A5変形104p上製/ISBN978--4-7565-0086-1

[改訂版]

ローズウインドウ&クリスマスクラフト

2015　改訂1刷

トマス・ベルガー/ヘルガ・マイヤーブレーカー著/松浦賢 訳

光と色で遊ぶローズ・ウインドウ(薔薇窓)の型紙の精度を上げ作り方の解説を解りやすく書き直した改訂版。X'mas用のキャンドル、リース、麦わらの星に天使と聖家族も。

◉定価2,800円+税/A5変形128p上製/ISBN978-4-7565-0129-5

シュタイナー教育
クラフトワールド
全7巻［箱入り］
2002

◉定価17,800円+税/
ISBN978-4-7565-0093-9

Education
シュタイナー教育

シュタイナー教育［新訂版］

2015　新訂1刷

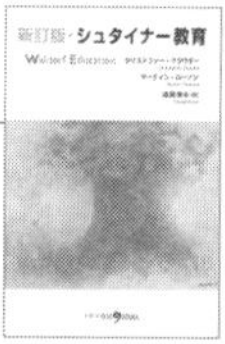

C.クラウダー・M.ローソン 著／遠藤孝夫 訳

シュタイナー教育の全体像を極めて簡潔に、しかも分かりやすく説明しておりシュタイナー入門書としては最適な書。後半ではこの教育の現代的な意味が明らかになります。

◉定価2,300円＋税／A5判192p並製／ISBN978-4-7565-0128-8

霊学の観点からの子どもの教育
【完全版】

1999　5刷

シュタイナー 著・講演／松浦賢 訳

シュタイナー教育思想の核心。シュタイナー教育について初めて学ぼうとする人にも、シュタイナーの思想にかなりなじんだ人にとっても、最も重要な基本文献です。

◉定価2,300円＋税／四六判200p上製／ISBN978-4-7565-0084-7

子どもの体と心の成長

1992　9刷

カロリーネ・フォン・ハイデブラント 著／西川隆範 訳

著者は最も卓越した教師と呼ばれた創成期シュタイナー教育運動の代表者｡子どもの気質および生活全般についての本質的な示唆が素晴らしいシュタイナー教育第一の古典の書。

◉定価2,330円＋税／四六判208p上製／ISBN978-4-7565-0050-2

ちいさな子のいる場所［改訂版］
妊娠・出産・私の家のシュタイナー教育

2006

としくら えみ 著・絵

妊娠から出産そして赤ちゃんとの生活について、シュタイナー幼児教育者自身の体験による家庭でできるさまざまな工夫が盛り沢山。春夏秋冬の季節のテーブルイラスト 4 点付。

◉定価2,000円＋税／A5判168p並製／ISBN 978-4-7565-0102-8

Art
芸術・療法

音楽の本質と人間の音体験

1993　8刷

シュタイナー講演録／西川隆範 訳

独特の未来的「音＆音楽論」。色彩はアストラル体に語りかけ、音の世界は人間の最奥部の魂に語りかけます。地上の音楽は神界の響きの影といえましょう。

◉定価2,330円＋税／四六判176p上製／ISBN978-4-7565-0051-9

色彩の本質◎色彩の秘密
【全訳】

2005　5刷

シュタイナー講演録／西川隆範 訳

読み物としても面白いシュタイナーの色彩論。色彩の本質を知ることは魂を大きな生命力で満たすこと。人智学の観点からのシュタイナー宇宙的色彩論の決定版。

◉定価2,500円＋税／A5判224p並製／ISBN978-4-7565-0096-0

子ども・絵・色
シュタイナー絵画教育の中から

1997　8刷

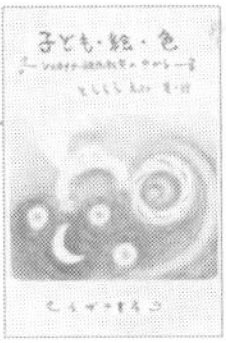

としくら えみ 著・絵

実際の子ども達の絵をふんだんに使い、幼児絵画論と技法を紹介。やさしい絵とあたたかい言葉は、子どもの「生きる力」をはぐくむ大きな助けとなるはずです。

◉定価2,100円＋税／A5判172p並製／ISBN 978-4-7565-0072-4

色彩のファンタジー
シュタイナーの芸術論に基づく絵画の実践と作画法

1998

ゲラルト・ヴァーグナー&エリーザベト・コッホ 著／松浦賢 訳

欧米のシュタイナー病院での治療やシュタイナー教育の現場で実際に行われている絵画の練習を再現。科学では捉え切れない色の力を体験できる一冊。

◉定価5,800円＋税／A4横判180p並製／ISBN978-4-7565-0073-1

Art 芸術・療法

カラーストーリーえほんシリーズ１
ひかりの木
2006

ダニエル・モロー 絵／宮川より子 文／青い林檎社 編
赤黄青の色の精。クリスマスも近い日に、心をあわせてお祈りすると、生まれたのは小さなもみの木。クリスマスの喜ばしい雰囲気に満ちあふれた絵本。

◉定価1,280円+税／A5判22p上製／ISBN978-4-7565-0103-5

カラーストーリーえほんシリーズ 2
みどりのダンス
2008

ダニエル・モロー 絵・文／鈴木一博 訳／青い林檎社 編
シュタイナー教育者からの贈り物。「みつろうクレヨン」の絵本。ほら、見えないかたちが見えてくる！色彩画家ダニエル・モローが3つの色からつむぎ出す世界。

◉定価1,500円+税／A5判23p上製／ISBN978-4-7565-0112-7

毎日の大切なこと
日々の暮らしが子どもを育む
2005

岩崎一女 著
シュタイナー浦和保育園園長の著者が、日々の気づきや人間の成長のためのシンプルで大切な提案を、園での黒板絵や写真、創作童話とともに綴った心に染みいるエッセイ集。

◉定価1,400円＋税／四六判64p上製／ISBN978-4-7565-0098-4

アントロポゾフィー医学から観た子どもの発達について
2015

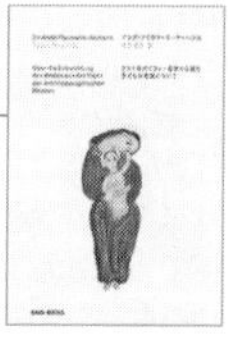

A・ヤッヘンス著／竹下哲生訳
「子どもの成長の不思議」について小児科医が話し言葉で分かり易く解説。愛情溢れる人間観察、体験的な人間理解から得た成長への眼差しは、子育てに愛と驚きをもたらす。

◉定価1,500円＋税／A5判64ｐガンダレ製本／ISBN978-4-7565-0127-1

シュタイナー・音楽療法

2014　2刷

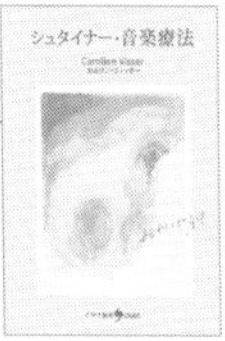

カロリン・フィッサー 著／楠　カトリン 訳／竹田喜代子 監修

日本初の人智学を基盤とした音楽療法の書。響きの持つ調和させる力で人間の最も中心にある自我を強め、自己治癒力を養うことを手助けするために。巻末譜例集付

◉定価4,000円+税／A5判256p上製／ISBN978-4-7565-0126-4

シュタイナー・
リズミカル アインライブング
イタ・ヴェーグマン・クリニックのハンドブックより

2016

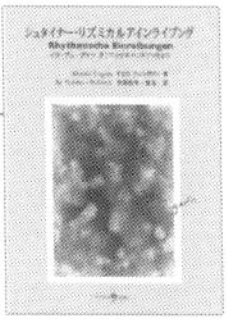

モニカ　フィンガドー著／伊藤良子・壽浩 訳

日本初の人智学を基盤としたオイルマッサージの書。宇宙と響き合う体内リズムや新陳代謝に働きかけることを基本とし、心身を守る覆いをつくり調和を整える技法の紹介。

◉定価2,600円+税／A5判158p上製／ISBN978-4-7565-0131-8

光が形態を創造する
新しい色彩体験のために

2005

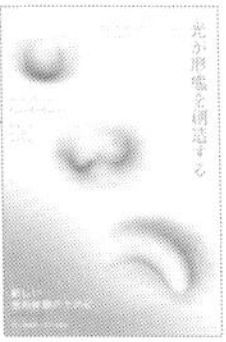

ダニエル・モロー 著／阿部ちよ・宮川順子・西川隆範　訳

光の行為と知覚可能なあらゆる形態の本質が示され、芸術家、教育者、精神探求者はもとより、広く一般の読者にとっても色彩と形態の意味を理解する手助けに。

◉定価2,700円＋税／A5判144p並製／ISBN978-4-7565-0097-7

友杉茉莉子画集 あなたは光の道しるべ

2014

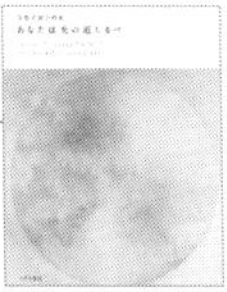

友杉茉莉子 著／秦理絵子 詩歌／大日野尚子 訳

宇宙と自然との対話から生まれた作品は、見る者を深い次元へと誘う。画家へのインタビュー、オイリュトミスト・秦理絵子の詩歌エッセイも収録。日英併記。

◉定価2,800円＋税／B5判変形128p上製／ISBN978-4-7565-0125-7

Anthroposophy
人智学・アントロポゾフィー

天使学シリーズ 1
天使と人間
1995　4刷

シュタイナー講演録／松浦賢 訳

高次の霊的存在を考慮しない世界観は、まったく現実的ではない。唯物論的思考から天使的ヴィジョンへと、新しい意識が目覚めるために、天使の本質を詳細に考察。

◉定価2,330円＋税／四六判216p上製／ISBN 978-4-7565-0062-5

天使学シリーズ 2
魂の同伴者たち スピリチュアル・コンパニオンズ
1995

アダム・ビトルストン著／大竹敬 訳

教育家でキリスト者共同体司祭の著者が、シュタイナー天使学を基礎として、天使たちと神的存在の位階のすべてを優しく格調高い筆致で描き上げた感動的名作です。

◉定価2,330円＋税／四六判258p上製／ISBN 978-4-7565-0063-2

天使学シリーズ 3
悪の秘儀 アーリマンとルシファー
1995　3刷

シュタイナー講演録／松浦賢 訳

天使の働きを妨げ、キリストと対峙し、人類を脅かす「悪の存在」とはなにか。堕天使ルシファーと、唯物論の悪魔とも呼ばれ恐れられていたアーリマンの悪の力を解説。

◉定価2,330円＋税／四六判232p上製／ISBN 978-4-7565-0065-6

天使学シリーズ 4
天使が私に触れるとき
1995

ダン・リントホルム著／松浦賢 訳

あなたは自分の守護天使に逢ったことがありますか？　本書は天使体験談の集大成です。一切の虚飾や誇張を排した、身近に感じられる実話ばかりを収めています。

◉定価2,330円＋税／四六判226p上製／ISBN 978-4-7565-0066-3

カルマ論集成 1+2

いかにして前世を認識するか［新装版］ 2008

シュタイナー講演録／西川隆範 訳

人間の運命を規定する不思議なカルマの法則。前半1部はシュタイナー独特の輪廻転生思想概論。2部『カルマの開示』は自然現象や男女、病気や事故等の具体的事例。

●定価4,200円＋税／四六判480 p上製／ISBN 978-4-7565-0109-7

カルマ論集成 3

カルマの形成［改訂版］ 2009

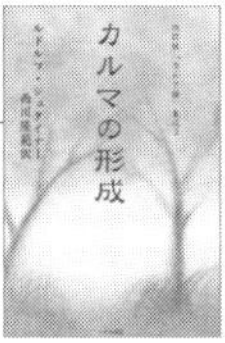

シュタイナー講演録／西川隆範 訳

輪廻転生を生じさせるカルマ的諸力はどのように形成され、個人の運命はいかにして決定されるのでしょうか。シューベルトや哲学者ニーチェなどの前世にも例をとりました。

●定価2,400円＋税／四六判288p上製／ISBN978- 4-7565-0113-4

カルマ論集成 4

歴史の中のカルマ的関連 1994

シュタイナー講演録／西川隆範 訳

前刊の『カルマの形成』に引き続き、マルクス、エンゲルス、グリムなどの歴史上の人物に焦点をあて、彼らの人生がいかなる来世を用意するのか読み解きます。

●定価2,330円＋税／四六判208p上製／ISBN 978-4-7565-0060-1

カルマ論集成 5

宇宙のカルマ 1996

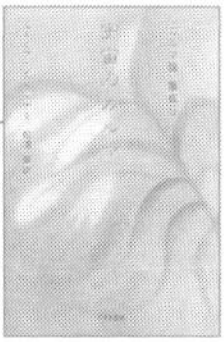

シュタイナー講演録／松浦賢 訳

太陽系宇宙に住む人間および人間以外の霊的存在とは？七年周期で発展していく人間の一生と霊的宇宙の関係は何か。シュタイナー神秘学の最高峰、ここに完結です。

●定価2,816円＋税／四六判288p上製／ISBN 978-4-7565-0067-0

Anthroposophy
人智学・アントロポゾフィー

自由の哲学

2017

シュタイナー著／森章吾訳

新たな自由への道を示した新訳！「千年後も残る代表作」と著者が語り、物質主義的世界観を克服すべく人間が自らの核の活動を自覚することで自由の可能性を獲得する手引。

◉定価3,000円+税／四六判288ｐ上製／ISBN978-4-7565-0135-6

ゲーテ的世界観の認識論要綱

特にシラーに関連させて同時にキュルシュナードイツ国民文学中のゲーテ自然科学論集別巻として

2016

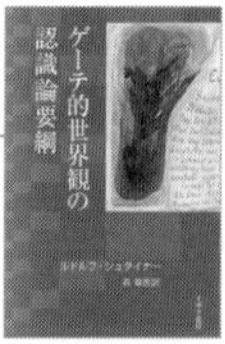

シュタイナー著／森章吾訳

訳者３０年間の取り組みからの新訳！シュタイナーが人類の未来を憂い、ゲーテとの出会いから生まれた21世紀人類が必要とする認識論。解説図版も多く理解を深める一助に。

◉定価2,500円+税／四六判240ｐ上製／ISBN978-4-7565-0132-5

秘されたる人体生理

シュタイナー医学の原点

2013　2刷

シュタイナー講演録／森章吾訳

シュタイナーのアントロポゾフィー身体論。 精神科学的観点から人体を観察した成果をシュタイナー自身、初めて系統的に語っている。シュタイナー医学の基本指針でもある。

◉定価3,000円+税／四六判224p上製／ISBN978-4-7565-0121-9

第五福音書

1986　5刷

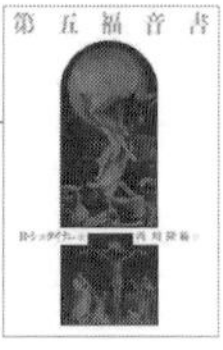

シュタイナー講演録／西川隆範 訳

未来において書かれるであろう5つめの福音書への考察。復活後の宇宙的キリスト存在の活動と、人類の抱えるキリスト衝動から見えてくる新たなる宇宙神霊の愛と真実。

◉定価2,000円＋税／A5判130p上製／ISBN 978-4-7565-0022-9

"シュタイナー"『自由の哲学』入門

2012　3刷

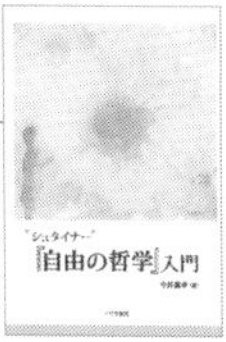

今井重孝 著

シュタイナー思想を理解するための必読書であり、
人間が生きる指針として重要な『自由の哲学』。
同書を解説した初めての書。解説が充実しています。

◉定価2,000円＋税／四六判128ｐ並製／ISBN978-4-7565-0119-6

ベーシック・シュタイナー

人智学エッセンス

2007　3刷

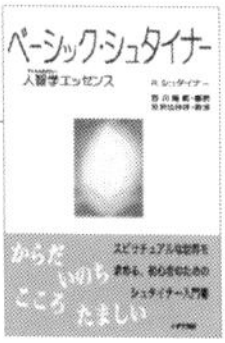

シュタイナー著作&講演抄録／西川隆範 編訳・解説／渋沢比呂呼 撰述

魂の不思議さ、人間であることの素晴らしさを感じ、スピリチュアルな世界を求める人のための入門書であり、経験者の知識整理のためにも便利なハンドブックです。

◉定価2,300円＋税／四六判208p上製／ISBN 978-4-7565-0106-6

聖杯の探求

キリストと神霊世界

2006

シュタイナー講演録／西川隆範 訳・解説

「聖杯学」それは魂の浄化を必要とする人智学の次のステップです。本書は人智学の道が超感覚的世界の認識だけではなく聖杯探求の道であることを示しています。

◉定価2,500円＋税／四六判240p上製／ISBN 978-4-7565-0100-4

シュタイナー〈からだの不思議〉を語る

2010　2刷

シュタイナー講演録／西川隆範 編訳・中谷三恵子 監修・有川利喜子 協力

ここに展開される一見摩訶不思議な身体観はアントロポゾフィー医学者のみならずさまざまな立場の治療者に共有されつつあり未来へ向けての治療方法を示唆するものです。

◉定価2,400円＋税／四六判208p上製／ISBN 978-4-7565-0114-1

Anthroposophy
人智学・アントロポゾフィー

瞑想と祈りの言葉［新版］

2013　新版1刷

シュタイナー 著／西川隆範 編訳

夜の神聖さを宇宙と一体になって感じ、毎朝新しくされる太陽を地球と共に喜ぶためのマントラ・真言集。巻末に「西川さんへ」追悼文集付、西川隆範トリビュートの新版。

◉定価2,800円+税／四六版272ｐ上製／ISBN978-4-7565-0124-0

魂のこよみ［新訳］

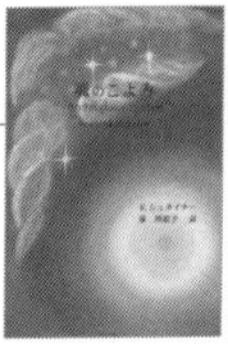

2003　2刷

シュタイナー 著／秦理絵子 訳

復活祭から始まる52週の週替りマントラ・カレンダー。時の神霊に意識を向け、宇宙に祈りを捧げることで、巡る季節のダイナミズムを心の糧とするための聖句集です。

◉定価1,600円＋税／新書判124p並製／ISBN 978-4-7565-0094-6

健康と食事

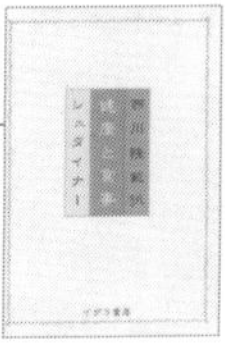

1992　11刷

シュタイナー講演録／西川隆範 編訳

肉食、菜食、紅茶、コーヒー、酒、タバコ…食習慣や食べ物に関する健康上、身体上のさまざまな疑問が、シュタイナーならではの明快さで解説されます。

◉定価2,200円＋税／四六判172p上製／ISBN 978-4-7565-0043-4

病気と治療

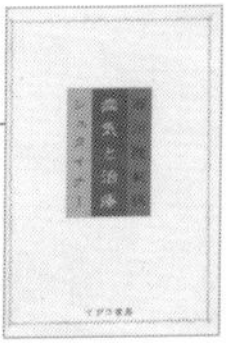

1992　8刷

シュタイナー講演録／西川隆範 編訳

病気治療の実践的側面に言及しつつ、現代医学では考慮されない人間の心魂と霊性という未知の領域に、人智学精神科学の光をあてる。「健康と食事」姉妹編。

◉定価2,200円＋税／四六判190p上製／ISBN 978-4-7565-0044-1

ルカ福音書講義
仏陀とキリスト教

1991　3刷

シュタイナー講演録／西川隆範 訳

シュタイナーの仏陀論の最重要文献。仏教とイエス・キリスト、キリスト教の深い関係を、外面的な学問研究の手段ではなく、人智学的探究によって明らかにしました。

◉定価2,500円＋税／四六判256p上製／ISBN 978-4-7565-0041-0

民族魂の使命
ゲルマン・北欧神話との関連において

1992

シュタイナー講演録／西川隆範 訳

シュタイナーの大天使論。北欧神話を題材に、さまざまな位階の神的存在たちについて語った重要講義。民族魂とは地球上の、さまざまな民族を守護する大天使です。

◉定価2,500円＋税／四六判242p上製／ISBN 978-4-7565-0046-5

泉の不思議
四つのメルヘン

1993

シュタイナー 著／西川隆範 訳・解説／としくらえみ 挿絵

シュタイナーの創作になる神秘劇中のエピソード。 ここで紹介されている神秘劇は、シュタイナー神秘学と芸術、とりわけオイリュトミーが結びついた総合舞台芸術。

◉定価2,427円＋税／四六判138p上製／ISBN978-4-7565-0053-3

『歎異抄』が問いかけるもの

2011

塚田 幸三著

歎異抄の魅力に新たな光を！ 親鸞とシュタイナーに共通する思想を比較検討し、西洋人シュタイナーの説明に耳を傾けることで『歎異抄』の現代性、重要性を読み解く。

◉定価2,400円＋税／四六判296ｐ上製／ISBN978-4-7565-0115-8

Anthroposophy
人智学・アントロポゾフィー

耕文舎叢書 3
人智学講座 魂の扉・十二感覚
1998

A・ズスマン 著／石井秀治 訳

通常知られている5つの感覚に人智学ならではの７つの感覚を加え、ホリスティックで有機的な人間像を解説。肉体的感覚・魂の感覚・霊的感覚の観点は世界理解の一助に。

◉定価2,800円＋税／A5判234p並製／ISBN 978-4-7565-0076-2

耕文舎叢書 5
発生学と世界の発生
2011

カール・ケーニヒ講演録／石井秀治訳

人間の発生事象を認識するためには宇宙の成り立ち（進化プロセス）を辿らなければならない

◉定価2,800円＋税／B5判126ｐ並製／ISBN978-4-7565-0116-5

耕文舎叢書 9
認知症
シュタイナーの精神科学にもとづくアントロポゾフィー医学の治療と介護の現場から　2016

Y・F・シュティーン著／石井秀治訳

一般的な医療とそれを補完するものとしてのアントロポゾフィー医療の可能性や、気づかれずにいる人間の潜在的な能力に光を当て、将来に対する全く新しい見方を示す。

◉定価2,700円＋税／B5判256ｐ並製／ISBN978-4-7565-0130-1

闇に光を見出して
わが子の自殺と癒しのプロセス
2008

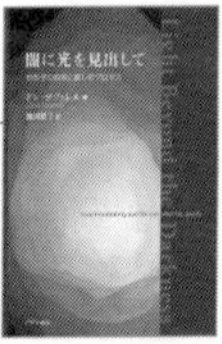

ドレ・デヴェレル 著／渡田景子 訳

死は永遠の別れではなかった。自殺した息子との魂のコミュニケーション。「死者へ語る」具体的な方法を示唆する付録掲載。カルマの学びの書としても最適です。

◉定価1,600円＋税／四六判200ｐ並製／ISBN 978-4-7565-0108-0

農業講座

農業を豊かにするための精神科学的な基礎　　2000　4刷

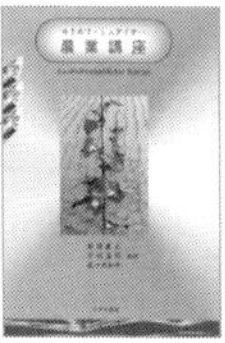

シュタイナー講演録／新田義之・市村温司・佐々木和子 訳

エコロジカルで宇宙的なバイオダイナミック農法の基本文献が現代に甦りました。未来を見通して生態系にまで配慮した、具体的な農業上の示唆を与えてくれる一冊。

◉定価3,400円＋税／四六判368p上製／ISBN 978-4-7565-0087-8

バイオダイナミック生物育成ガイド 2007

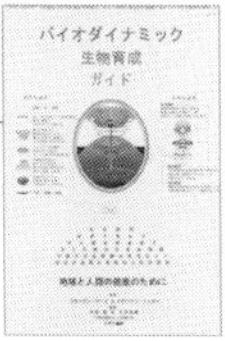

B・キーツ&S・メイガー 著／半浦剛・三矢 浩貴 訳／ぽっこわぱ耕文舎 監修

オーストラリアで刊行されている宇宙と遊ぶBD農業ガイドの日本版。内包された回転盤を使うと、太陽の動き、月の満ち欠け、BD調合剤一覧が一目で分かり、楽しく便利です。

◉定価2,400円＋税／A4判カラー6p／ISBN 978-4-7565-0104-2

種まきカレンダー［毎年刊行］

ぽっこわぱ耕文舎監修

太陽系の惑星の位置と播種から収穫までの時期を対応させた、毎年刊行のバイオダイナミック農作業カレンダー。

◉定価1,500円＋税／B5判64p並製

初心者のためのライア教則本

ライアへの道［改訂版］　　2020　改訂1刷 刊行予定

Now Printing

ゲルハルト・バイルハルツ 著

映画「千と千尋の神隠し」で、一躍その存在が知れ渡った楽器。音楽療法や演奏用の楽器として使われてきた「ライア」の弾き方や意識の持ち方などを独学で学べる教則本。

◉予価2,500円＋税／A4変形

Others

・電子書籍
・オンデマンド版書籍

品切中の書籍でご要望の多いものを、1冊から印刷できる
オンデマンド印刷版でご提供させていただきます。

シュタイナー教育小事典・子ども編

シュタイナー講演録／西川隆範 編・訳

シュタイナー教育の内容をテーマ別に整理し、子どもとその教育に関する精神科学的考察の概観を与える。治療教育家養成所一覧他付録多数。●全国図書館協議会選定図書

◉定価2,345円＋税／280pオンデマンド版／電子書籍

シュタイナー教育の基本要素

シュタイナー講演録／西川隆範 訳

『霊学の観点からの子どもの教育』に続くシュタイナー自身による幼児教育論の全貌。深い人間洞察から着実に子どもを理解するために。　●全国学校図書館協議会選定図書

◉定価2,500円＋税／208pオンデマンド版／電子書籍

シュタイナー教育の実践

シュタイナー講演録／西川隆範 訳

『シュタイナー教育の基本要素』姉妹編であり、シュタイナー教育の実践編。あるべき学校像・あるべき教師像とは。子供の魂を育てる教師の在り方、学校の在り方を示唆。

◉定価2,330円＋税／248pオンデマンド版／電子書籍

魂の幼児教育

私の体験したシュタイナー幼稚園

としくら えみ 著・絵

ドイツ・スイスのシュタイナー幼稚園に勤務し、その教育の実際を見聞した実践的レポート。著者手描図版90数点、楽譜他付録充実、幼児教育者に最適のハンドブック。

◉定価2,233円＋税／19×17cm 120pオンデマンド版／電子書籍

「暑かったでしょう。冷たいお茶でもどうぞ」
「ありがとうございます」
「お元気ですか」
「お変わりありませんか」

日々の暮らしの中に、さわやかにあいさつが入ることで、暮らしが「しゃん」とします。このような挨拶がなされる中で、小さな子どもは人間の暮らしを自然に身につけます。

挨拶は、人を思いやる心を養います。そして、季節を感じる心を養い、情操豊かに人の心を育みます。

日々の暮らしの中で、家族が挨拶しながら、豊かな毎日を送りましょう。

「小さな森の昼下がり」

緑の木に包まれた
小さな小さな森の中
お日さまは優しく　大きな手を広げ
森を包んでいます

しっかりものの大きな木のほら穴から
りすさんが顔を出しました
きょろきょろ　あちこち見まわして
するすると　根元に下りてきました
「お母さん　ぼく　散歩に行ってきます」
としなやかに　体を動かして出かけました
黒く光るりすさんは　すばやく走り出しました

小さな草花が森の中の優しい日の光に
にっこり微笑んでいます
「お花さん　こんにちは」
りすさんは瞬く間に
飛んでいきました

年とった大きな木のおじいさん達も
「おや　りすさん　こんにちは」
太い声で話します
森の中は大きな木に包まれて
小さなお花たちが静かにそよいでいます

りすさんは　お花を飛び越えて
木立をくぐりぬけ
広い野原にやってきました

そこは　お日さまがきらきらと照り
まばゆいばかりです
りすさんは
うーんとのびをしました

すると　葉っぱのいいにおい
りすさんは　葉っぱに鼻を近づけました
ころんころん
ころん

りすさんはいいにおいに包まれて
葉っぱの上を
ころころ　ころころ
にこにこ　にこにこ
転がります

そよそよと
柔らかい風が吹いてきて
りすさんは
葉っぱを広げた大きな木の根っこに戻ると
ひと休み

「もう　お家へ帰ろう」

りすさんは、大きく大きく
ぐるぐる
ぐるぐるっと
力の限り　走ると
お母さんの待っている静かな森に
いきおいよく　戻っていきました

ことばの教育

子どもは生まれて間もなくから、周囲の人のことばを聞き、口もとを見たりしながら、言われていることを分かろうとし、2ヶ月から3ヶ月経つと、もぐもぐと口を動かし、同じようにお話しているかのようです。半年くらい経つと、いつも聞いている挨拶をフレーズで表すようになります。いつも情緒の安定したあたたかい気持ちで、よい表情で愛情のある話しかけをしてあげることが、子どもの最高の教育になります。

このとき大切なことは、生まれてすぐから、周囲にきれいなことばがあることです。初めからきれいなことばで話していると、その子どもがことばを発するようになったとき、きれいなことばで話し始めます。

そして、就学前までは、母国語（一生生きていく間に考えたり、使うことば）を培うときです。しっかりと母国語を培って小学校に入学し、今後の学校生活も生き生きと送ることが出来ます。外国語を学ぶのは、母国語をしっかり培った後がよいので、小学校入学以降に学ぶと良いです。

母と子

子どもはお母さんのお腹にいる時から、お母さんのことが大好きで、お母さんに守られて生まれてきました。この世に生まれても、まだまだ世界に一人で立つことはできません。お母さんに見守ってもらいたいのです。

お母さんの優しい想い、子どもを想う気持ち、それらに見守られることで、しっかり成長することができます。乳幼児の間は、折にふれて手をつないであげましょう。その安心感が子どもをゆっくりと力強く育みます。

お母さんの背におんぶされたり、お母さんに抱っこされたり、お母さんと手をつないで歩くことが、子どもは大好きです。毎日の暮らしの中でお母さんとしっかりスキンシップできた満足感が、小学校入学以後のしっかりした自立につながります。

母乳

赤ちゃんが生まれると母乳が出ます。母乳がよくでる食べ物を食べて、出来る限り母乳を飲ませてあげましょう。お母さんに抱っこされて、おっぱいを飲むことによって、お母さんの体の温もりを感じます。お母さんの顔、お母さんのにおい、心臓の鼓動を感じます。赤ちゃんもおっぱいを手で触りながら、安心して母乳を飲みます。
粉ミルクをあげるときも、抱っこして、優しい気持ちで落ち着いて飲ませてあげましょう。テレビやラジオは消して、静かな部屋で飲ませてあげましょう。

母乳の出をよくする食べ物の例
わかめ
鯉
おもち
味噌汁
煮魚など

たたみの暮らし

赤ちゃんにとって、自分の手や足も一番身近なおもちゃ、興味の対象です。手をひらいたり、口元にもってきたり、足の指まで食べてしまいそうです。そうして、体が柔軟に動き出すと、興味のあるほうへ目が、顔が向けられ、頭から向かっていきそうです。

このころ、生後６ヶ月位になったら、ベッドは狭くなりますから、畳に敷かれた布団の上に寝かせて上げましょう。その広い場所で、ごろごろと自由に動くことができるようにしてあげましょう。畳の上では、赤ちゃんの視界はぐんと広がり、興味の幅も広がります。そうして前後左右に動けるようになり、お座りやハイハイができるようになります。赤ちゃんは、自分の力で何度も何度もやってみようと試みますから、クッションなどで支えて座らすのではなく、安全な畳の上を広々としておいてあげましょう。

そうすると、つかまり立ちをしたり、自分の力で、一人で立ち上がります。一層、視界が広がり、世界が開け、目の輝きが増す、素晴らしい時間です。

やがて、一歩が出て、歩けるようになります。なんとも誇らしげで、喜びに満ちています。このように、順序良く、体が準備されて成長発達しますので、無理に手を引いて歩かせることはしないで、しっかり立って自分から一歩一歩と歩む力を見守ってあげましょう。

歌のある暮らし

お母さんと手をつないで散歩。
お母さんが口ずさむ。

おてて　つないで　野道をゆけば
みんな　かわいい　ことりになって
うたを歌えば　くつがなる（＊）

お家の近くでお母さんと手をつないで歩いた道。
それはきっと大きくなっても、ずっと心をあたためる温もりの経験になります。
台所で、お母さんが口ずさみながら、料理をしている。
幸せが感じられます。

お風呂で一緒に歌を歌う。
楽しいですね。

テレビやＣＤではなく、お母さんの本物の歌だから、心に響くのです。

（＊）童謡「靴がなる」清水かつら：作詩
（１８９８〜１９５１）

お散歩

お母さんと手をつないで歩くことが嬉しいお散歩です。

それは、おつかいを兼ねていたり、散歩だけを楽しんだり、いろいろあることでしょう。

お家の近くを歩くと、季節の移ろいを感じます。

道端の草花、小さな虫たち、ありやだんご虫、小さな生き物との出会いは、子どもの目を輝かせ、嬉しさでいっぱいになります。魚屋さんや八百屋さん、商店の人の生き生きした仕事にふれることもあります。

お散歩は心の発達、感性を磨き、運動神経の発達、歩くことによる思考の発達を促します。

気持ちをゆったりと、親子で散歩を楽しみましょう。

人間の神秘

遠い宇宙の果てから
あなたを親として選んで
やってきた人
その幼な子と
親は温かい誠を持って
付き合わねばなりません

岩﨑一女園長の風格

岩﨑一女園長にお会いしたのは約十年前、優律詩美《オイリュトミー》教師の秦理絵子さん（学校法人シュタイナー学園校長）の紹介です。それ以来、身を粉にして保育のお仕事に取り組んでおられる姿に、いつも感銘を受けてきました。元文部大臣の松永光氏や、小児科医で聖徳大学児童学科教授の森彪氏が、園の運営に知恵を貸してこられました。江田明子副園長をはじめ、保母の方々の献身的な働きも特記すべきものです。経済優先の幼稚園・保育園が多々あるなかで、一貫して純粋に子どもたちへの愛情から保育なさっているのは感動的です。

岩﨑園長は努力の人であり、礼儀正しい慈愛の人です。幾度も訪欧して研鑽を積まれ、見聞を広めてこられました。真面目な性格ゆえに人望が集まり、各種団体の役員を引き受けていらっしゃいます。これも人徳のなすところでしょう。

シュタイナーの創始した華徳福《ヴァルドルフ》教育では、人生全体における幼年期の意味を考え、子どもが持って生まれたものを大事にして、体・心・頭を育成していきます。幼児は周囲の印象に没頭しており、周囲の大人の思いも子どもに影響します。穏やかな環境と素朴な遊びが子どもを育みます。メカニックなおもちゃは想像力がのどかに展開する余地を子どもに与えませんし、知育目的の遊びは抽象的な思考につながっていきます。小学校に入るまでは生命力が心身形成のために使われており、早期知育をすると、力が十分に心身に行き渡らなくなる可能性があります。幼児は同じことが繰り返されると安心します。生活のリズムが大切です。厳しすぎる躾は子どもを受動的にしますし、甘やかす一方だと意志の弱い人間になります。幼児は大人の言動の模倣をとおして、道徳心を形成していきます。大人にとって大事なのは、明確な考えを持った、ゆったりと開放的な人間であることです。子どものことを思い、日々こどもの姿を思い浮かべることで、親子の絆は深まっていきます。幼年期に幸福な日々を体験した人は、将来どんなことにも挫けず生きていきます。

岩﨑園長は敬神の人であり、日本の美風が身についた人です。骨身を削るような毎日のなかで、前向きに活動しておられます。日本の史代納派の一部に道徳的退廃が見られる今日、岩﨑園長の賢母の気風は貴重です。

二〇〇五年季秋

西川隆範（精神史研究家）

あとがき

世の中がＩＴ化して、その波は子どもたちの育つ場まで押し寄せています。

小さな子どもが携帯電話をおもちゃにしていたり、電子ゲームで遊んでいたり、小学校の低学年から無防備にパソコンの授業がなされています。大人が仕事に使う道具が、子どものおもちゃや教材になっています。大人でさえ、パソコンでの仕事によって体に不調をきたすのです。ましてや、今まさに育たんとしている子ども達の脳に、体に、心にとって、大変危険なことがなされているのです。

今こそ、子どもたちが育つ場、子どもの環境のことを、大人が真剣に考え、求める時です。大人の愛のある知恵に守られて、子どもが健やかに育つことを切に望みます。

保育園は小さな子どもが日々暮らしながら育つ場なので、できるだけ体にやさしい木でできていること。子どもの暮らす家であり、あまり大きすぎず、一人ひとりの子どもがどんな家で暮らしたのか実感できる間取りであること。庭があれば、そこにはお花や木があり、草花で遊んだり、小さな虫を見つけたりできると子どもはとても幸せです。そのような子どもの身丈に合った保育園で心根のやさしい、情熱のある保育士さんと楽しんで乳幼児期を過ごすことが大切です。私はそのような保育園を創っていきたい。日々実践する中で大切なことを書き留めました。子どもが穏やかに暮らし目が輝いていることを切に祈ります。人間本来のありようと本当の幸せは日々の暮らしにあります。

本書にご寄稿いただいた西川隆範氏には保育園の研修を通して力強い支援をいただき、感謝しています。

終わりに本書の発行にご尽力いただいたイザラ書房の渋沢浩子氏に心より感謝します。

岩崎　一女

二〇〇五年　十月

【著者略歴】

岩﨑　一女　いわさきかずみ
岡山県生まれ。岡山学院大学岡山女子短期大学卒業。西宮市職員を経て３人の子どもの子育てに専念する。
1982年　厚生労働省許可有限会社日本ベビーシッターを設立。
1996年　厚生労働省駅型保育モデル事業のシュタイナー浦和保育園を開園。
埼玉県家庭教育振興協議会事務局長　保育士　幼稚園教諭
埼玉県子育てアドバイザー　2005年厚生労働大臣表彰
http://www6.ocn.ne.jp/~nbs/

毎日の大切なこと
～日々の暮らしが子どもを育む～

2005年11月27日　初版第一刷発行
著　者　岩﨑一女
装　幀　江田明子
発行人　渋沢浩子

発　行　株式会社イザラ書房
〒369-0305　埼玉県児玉郡上里町神保原569
tel：0495-33-9216　fax：0495-33-9226
mail@izara.co.jp
印　刷　シナノ

ISBN4-7565-0098-6　C0037